Spanish Novels
Crimen en Barcelona

PACO ARDIT

Copyright © 2016 by Paco Ardit

2nd edition: August 2018

All rights reserved.

This book is a work of fiction. Names, characters, places, and incidents either are products of the author's imagination or are used fictitiously. Any resemblance to actual persons, living or dead , events, or locales is entirely coincidental.

No part of this book may be reproduced in any form or by any electronic or mechanical means including information storage and retrieval systems, without permission in writing from the author. The only exception is by a reviewer, who may quote short excerpts in a review.

To all the Spanish learners
who are putting forth effort
to learn the language

The Author

Best Free Resources for Spanish Learners (PDF)

Download the free PDF gift and get other freebies and bonuses from Spanish Novels by email:

Suscribe to claim your gift:
http://spanishnovels.net/gift/

The Book & the Author

Crimen en Barcelona is an Intermediate (B1) Reader for Spanish learners. The book is written in a simple and direct style: short chapters and easy grammar. Every chapter is two pages long. In order to help you start thinking in Spanish, no English translations are provided.

Paco Ardit is a Spanish writer and language teacher living in Argentine since the 1980s. He loves helping people learn languages while they have fun. As a teacher, he uses easy readers with every one of his students. Paco speaks Spanish (his mother tongue), and is fluent in French and English.

Website

spanishnovels.net

Follow us on Social Media!

facebook.com/spanishnovels

instagram.com/spanishnovels

Free Online Exercises

Get free access to a complementary set of online exercises based on the Spanish Novels Series. All the exercises were designed by Paco Ardit to help you get the most out of your readings.

Crimen en Barcelona exercises

https://spanishnovels.net/crimen-en-barcelona-exercises

All the exercises

https://spanishnovels.net/exercises

Audiobook & E-book Packs – Discounted Price

Do you want to get the most out of your reading practice? Get the Bundle Packs (Audiobooks + E-books) at a discounted price. Read and listen the stories at the same time, for the best learning experience. The Bundle Packs include e-book versions in .mobi, .epub, and .pdf format + full audiobooks in high quality MP3 format. Access the files online or download them to your devices! Get your Bundle Packs at **https://www.spanishnovels.net.**

Who Should Read This Book

Crimen en Barcelona is intended for Intermediate learners (B1). I assume you have a general command of the Spanish language. You also need to know conditionals, gerund, pluperfect and past tenses. In this volume you will find longer and more complex sentences, in comparison to the previous levels.

Contents

Capítulo 1 1
Capítulo 2 3
Capítulo 3 5
Capítulo 4 7
Capítulo 5 9
Capítulo 6 11
Capítulo 7 13
Capítulo 8 15
Capítulo 9 17
Capítulo 10 19
Capítulo 11 21
Capítulo 12 23
Capítulo 13 25
Capítulo 14 27
Capítulo 15 29
Capítulo 16 31
Capítulo 17 33

Capítulo 18..35
Capítulo 19..37
Capítulo 20..39
Capítulo 21..41
Capítulo 22..43
Capítulo 23..45
Capítulo 24..47
Capítulo 25..49
Capítulo 26..51
Capítulo 27..53
Capítulo 28..55
Capítulo 29..57
Capítulo 30..59
Capítulo 31..61
Capítulo 32..63
Capítulo 33..65
Capítulo 34..67

Capítulo 35....................69
Capítulo 36....................71
Capítulo 37....................73
Capítulo 38....................75
Capítulo 39....................77
Capítulo 40....................79
Capítulo 41....................81
Capítulo 42....................83
Capítulo 43....................85
Capítulo 44....................87
Capítulo 45....................89
Capítulo 46....................91
Capítulo 47....................93
Capítulo 48....................95
Capítulo 49....................97
Capítulo 50....................99
Capítulo 51....................101

Capítulo 52..103
Capítulo 53..105
Capítulo 54..107
Capítulo 55..109
Capítulo 56..111
Capítulo 57..113
Capítulo 58..115
Capítulo 59..117
Capítulo 60..119
Other Books by the Author..............................121

Capítulo 1

El martes 1 de febrero nadie fue a trabajar a la aerolínea. A las 6.10am los empleados de Alaires Airlines recibieron la noticia en sus celulares:

> *"Lamentamos comunicarles que Felipe Amador ha fallecido. El día de hoy la compañía permanecerá cerrada por duelo"*

La gente se sorprendió con la noticia. La mayoría de los empleados quería mucho a Felipe. Ahora todos están muy apenados.

Aparentemente, el CEO de la compañía apareció muerto en su propia oficina. Lo encontraron sin vida el lunes a las 11.40pm. Las empleadas de limpieza golpearon la puerta de su oficina durante media hora. Como no tuvieron respuesta llamaron a los empleados de seguridad. Ellos derribaron la puerta y entraron a la oficina. Lo vieron sentado en el sillón principal, con la cabeza sobre el escritorio. Desde la puerta le preguntaron: *"Sr. Amador, ¿se encuentra bien?"*. Como no respondía se acercaron un poco más al escritorio. Cuando llegaron al sillón se dieron cuenta. Felipe no estaba respirando. Estaba muerto.

2. Felipe Amador ha fallecido
3. los empleados están muy apenados
4. en su propia oficina
5.
6. no tuvieron respuesta
7. Estaba muerto

Capítulo 2

Los investigadores llegan a la oficina a las 12.15am. Felipe sigue sentado en su sillón, pero ahora tiene la espalda derecha. Un médico lo está examinando y toma notas en una libreta. Miguel le pregunta:

-¿Sabe cómo murió?

-No, para eso debemos hacer la autopsia. Pero eso demorará. ¿Ustedes son policías?

-No, somos investigadores privados. Mi nombre es Miguel y ella es Ana. Nos contrató Aldo, el hijo de Felipe.

-Entiendo. En ese caso, ya me dirán cómo los puedo ayudar.

-Gracias, doctor. Vamos a necesitar el informe de la autopsia, en cuanto lo tengan.

-Sí, ningún problema. Puede darme su número de celular. Lo llamaré apenas tengamos los resultados.

Este es el primer caso que Ana y Miguel investigan juntos. Toman fotos, revisan la oficina y toman notas. Poco después de la 1.30am entra una mujer con un vestido muy elegante. Mira el cuerpo muerto en silencio y empieza a llorar. Es Lina, la esposa de Felipe.

Capítulo 3

Felipe era el único dueño de Alaires Airlines. Tenía casi 60 años, pero seguía trabajando como el primer día. Todos los días se levantaba a las 5.30am para ir a la oficina. El trabajo era su pasión y el centro de su vida. Trabajaba de lunes a sábado, y a veces hasta los domingos. Regresaba a su casa después de las 5 o 6pm. Al llegar a casa, Felipe siempre hacía lo mismo. Comía una o dos porciones de torta y después sacaba a pasear a su perro. Eso era lo que más lo relajaba después de un largo día de trabajo.

En la cena siempre comía dos o tres platos. Por eso tenía unos 30 kilos de sobrepeso. Pero no le importaba. Después de comer leía todo tipo de libros: novelas, filosofía, historia, etc. A Felipe también le encantaba conversar, especialmente con Lina. Pero, desde hace un tiempo, su relación con ella no andaba bien. Felipe la amaba profundamente, pero sentía que Lina ya no lo quería. Lina nunca había sido muy cariñosa. Y, últimamente, apenas lo saludaba con un beso en la mejilla. Felipe se sentía muy triste por eso. A veces pensaba que Lina tal vez tenía un amante.

Capítulo 4

Son casi las 2am y la oficina de Felipe está más iluminada que nunca. Hay policías, médicos e investigadores. Aldo mira desde la puerta y no puede creer lo que ve: el cuerpo muerto de su padre. Quiere entrar a la oficina, pero no tiene fuerzas para hacerlo. Lina lo ve desde lejos y corre hacia él.

-¡Hijo! ¿Puedes creerlo? ¿Cómo puede haber muerto tu padre?

-No, aún no me lo creo.

-Solo espero que no haya sufrido…

-¿Cómo fue?

-Aún no sabemos, hijo. Parece que fue muerte natural.

Desde hace dos años Aldo trabaja en un alto cargo en Alaires Airlines. En este tiempo aprendió muchísimo al lado de Felipe. Aldo tenía la mayor admiración por su padre. Los que lo conocían decían que los dos eran igual de buenos. Eso sí, físicamente no se parecían en nada. Felipe era gordo, mientras que Aldo tiene cuerpo de deportista. Pero ahora, viendo a su padre muerto, no tiene nada de fuerza. Siente una mezcla de miedo e impotencia. Y piensa: *"Quizás no fue muerte natural. Quizás esto fue un crimen"*.

Capítulo 5

Felipe tenía mucho dinero, pero no le daba mucha importancia. Era diferente a todos los ricos. Sus amigos tenían una docena de autos, yates y hasta jets privados. Gastaban miles de euros en ropa o en vinos. Pero Felipe no necesitaba nada de eso. Él se sentía cómodo con ropa modesta. No necesitaba comer en restaurantes lujosos ni conducir los mejores autos. Para él, tener mucho dinero era algo normal. Ya desde pequeño había conocido la abundancia económica. Su esposa Lina, en cambio, era totalmente diferente.

Desde que se casaron, Lina gasta cientos de euros todos los días. Nunca se fija en qué. Lo importante para ella es gastar dinero. Lina lo ve como un símbolo de estatus social. Piensa, *"si tengo mucho dinero debo gastarlo"*. Compra vestidos Dior, Armani y Versace. Tiene unos doscientos pares de zapatos de las mejores marcas. Pero para ella no son suficientes. Por eso sigue comprando vestidos, zapatos y otras prendas. Lina también gasta dinero junto a sus amigas. Los fines de semana van a los mejores bares y restaurantes de Barcelona.

Capítulo 6

Los primeros años de matrimonio fueron los mejores. Felipe y Lina recién se conocían. Ambos tenían pasión y se amaban profundamente. Durante la semana compartían mucho tiempo en su casa en Barcelona. Los sábados y domingos iban a su mansión en Valencia. Pero, con el tiempo, la relación fue cambiando. Felipe empezó a engordar y a quedarse en la oficina hasta tarde. Lina pasaba todo el día en el gimnasio o con amigas. Ya no compartían tantas cosas. Lo único que los mantenía unidos era su hijo Aldo. Y cuando su hijo cumplió 18 años todo empezó a derrumbarse.

Aldo empezó a independizarse y ya no necesitaba tanto de sus padres. Estaba claro que la pareja ya no tenía razones para continuar. De todos modos, no se separaron.

Felipe aún amaba demasiado a Lina. Su esposa no lo quería tanto como él a ella, pero Lina quería el dinero. No estaba dispuesta a resignar la vida de lujo que llevaba. Al seguir juntos ambos tenían lo que querían. Felipe podía tener a Lina a su lado. Y Lina podía disfrutar de todo el dinero de Felipe y mantener sus privilegios de esposa.

Capítulo 7

Hace unos minutos se llevaron el cuerpo de Felipe. La oficina quedó casi vacía. Ahora solo hay cuatro personas: Ana, Miguel, Aldo y Lina. Los investigadores hablan con la esposa y el hijo de Felipe. Ana le pregunta a Lina:

-¿Tenía algún enemigo Felipe?
-No, nunca tuvo enemigos. Era un hombre muy bueno. No entiendo cómo sucedió esto...

Aldo tiene la mirada perdida. Mira el asiento donde hace unos minutos estaba su padre. Miguel le pregunta:

-¿Sabes de alguien de la empresa que podría haber cometido el crimen?
-No lo sé... Mi padre era una muy buena persona, pero mucha gente tenía envidia de su

dinero y de su poder. No puedo decirte un nombre en particular.

Ana y Miguel toman algunas notas y conversan entre ellos en voz baja. Luego les dicen que deben dejar la oficina libre. Son las 3.20am y todos están muertos de sueño.

Capítulo 8

Al día siguiente Miguel vuelve solo al edificio de Alaires Airlines. Hoy debe entrevistar a Enrique, la mano derecha de Felipe. La oficina de Enrique está en el tercer piso. Es un salón enorme, con un escritorio de vidrio y metal. Sobre el escritorio, una computadora iMac de 27" y una Macbook. Todo en la oficina es blanco o transparente. Enrique está vestido con traje y camisa blanca, lo que contrasta con su rostro moreno. Al ver a Miguel lo saluda:

-Hola. ¿Cómo le va?

-Bien, gracias. Mi nombre es Miguel Estevez. Estoy investigando la muerte de Felipe Amador.

-Ah… qué bien. ¿Puedo ayudarle en algo?

-Sí, claro. Me gustaría hacerle unas preguntas. ¿Tiene unos minutos?

-Claro, hombre. Tome asiento, pues.

Enrique Jordi tiene 37 años. Era una de las personas más cercanas a Felipe en Alaires Airlines. Responde las preguntas con naturalidad. Algunas veces ríe y bromea. A Miguel esto le parece extraño, pero no hace ningún comentario. Termina con el cuestionario y se retira.

Capítulo 9

Son las 11.11pm y Miguel está acostado en su cama. Hoy fue un día muy largo. Lo único que quiere hacer ahora es olvidar todo y dormir. Su cabeza da vueltas a las entrevistas que hizo durante la mañana y la tarde. También piensa en Ana, la investigadora que conoció hace unos días. Desde el primer momento le pareció muy atractiva. No le preguntó la edad, pero calcula que debe tener unos 40 años. Es exactamente como le gustan a él: delgada y de ojos verdes.

A las 11.46pm suena su teléfono celular. Estira el brazo para tomar el teléfono y escucha una voz familiar: es Lina.

-Hola, Miguel. ¿Cómo está? Soy Lina, la esposa de Felipe, de Alaires.

-Sí, Lina. Es muy tarde. ¿Es algo urgente? ¿Podemos hablar mañana?

-Perdón, Miguel, es algo muy breve. Solo quiero decirle que estoy aquí para ayudarle. Haré todo lo posible para que se aclare la muerte de Felipe. Solo quería que sepa eso. Cuente conmigo para lo que necesite. Buenas noches.

Capítulo 10

El viernes por la tarde Ana y Miguel se encuentran en un bar. Necesitan hablar sobre las últimas novedades del caso. Miguel pide un café corto y Ana un té con limón. Se sientan en una mesa contra la pared, alejada del resto. Después de una semana de trabajo ya tienen decenas de entrevistas de empleados de Alaires Airlines. También tienen el testimonio de los familiares y personas más cercanas a Felipe. Pero aún no empezaron a investigar. Primero deben esperar los resultados de la autopsia. Así sabrán si Felipe tuvo una muerte natural o si fue un crimen.

-Miguel, ¿qué piensas de Lina? –pregunta Ana.

-Me parece bastante guapa…

-No seas tonto, ya sabes de lo que hablo. ¿Crees que puede tener algo que ver con la muerte?

-Cómo saberlo. Era la esposa de Felipe y ahora se muestra preocupada. Parece querer ayudarnos. Pero, eso no nos dice mucho. Puede estar intentando engañarnos. Igualmente, aún no sabemos si fue un crimen. Tal vez fue simplemente muerte natural. No nos apresuremos.

Capítulo 11

El sábado por la mañana Miguel recibió el llamado del médico forense. Los resultados de la autopsia ya estaban listos. Sin perder un minuto, se vistió y fue a buscar el informe. Eran las 8.40am y la clínica estaba totalmente vacía. En la mesa de entrada le dijeron que debía ir al cuarto piso.

La recepción del Laboratorio estaba vacía. Miguel caminó hasta la mesa de entrada y apretó un botón. Enseguida apareció una chica rubia con uniforme celeste.

> *-Buenos días. ¿En qué puedo ayudarlo?*
> *-Buenos días, señorita. Mi nombre es Miguel Estevez. Vengo a retirar los resultados de una autopsia. El nombre de la persona es Felipe Amador.*

La empleada anotó el nombre en un papel pequeño. Unos minutos más tarde regresó con un sobre grande color crema. Miguel le dio las gracias y abrió el sobre de inmediato. En la primera hoja decía:

Felipe Amador

CAUSA DE LA MUERTE: Envenenamiento

Capítulo 12

Los resultados de la autopsia fueron una gran sorpresa. Miguel no esperaba ese resultado. Estaba casi seguro de que Felipe había muerto naturalmente. Pero el papel decía claramente "envenenamiento". Mientras regresa a su casa piensa: *"Hay solo dos opciones. O Felipe tomó un veneno o alguien lo envenenó"*. Si alguien lo envenenó tiene que haber sido alguien de la empresa. Un empleado o tal vez uno de los ejecutivos.

Al llegar a su casa piensa en Aldo y Lina. Debe llamarlos para contarles los resultados de la autopsia. Esa es la parte que menos le gusta de su trabajo. Pero antes debe avisarle a su compañera de investigación:

-Hola. ¿Cómo estás, Ana?

-Hola, Miguel. ¿Alguna novedad del caso?

-Tengo en mis manos el resultado de la autopsia.

-¿Y qué dice?

-"Causa de la muerte: envenenamiento".

-¿De veras? Vaya sorpresa...

-Es lo mismo que pensé yo.

-O sea, fue un suicidio o un crimen.

-Exacto. No hay más opciones.

Capítulo 13

La última semana Alaires Airlines fue un caos total. Muchos empleados no fueron a trabajar. Algunos por miedo y otros para aprovechar la situación. Sabían que todos están ocupados con la muerte de Felipe. Por eso, algunos departamentos no funcionaron de la mejor manera. Los últimos días se cancelaron o suspendieron varios vuelos. Y en la semana no hubo nadie en la función de CEO. Lo cierto es que Felipe nunca había designado a nadie para reemplazarlo.

En la empresa todos creían que Aldo iba a ser el nuevo CEO. Al ser el hijo de Felipe, era lo que todo el mundo esperaba. Pero no sucedió eso. La persona que tomó el cargo de CEO fue Enrique. Nadie sabe cómo sucedió. En cuestión de días Enrique asumió todas las responsabilidades que tenía Felipe. Ahora es la persona que organiza las reuniones ejecutivas. También es el que está tomando decisiones en nombre de la empresa. Incluso es quien hace las operaciones financieras de Alaires Airlines. A ninguno de los empleados le gusta esto (especialmente a Aldo). Pero, hasta el momento, nadie tuvo el coraje para hablar con Enrique.

Capítulo 14

Enrique vive en un departamento de lujo en Barcelona. El lugar tiene 4 ambientes y una cocina enorme. Los muebles son minimalistas, de color blanco. De hecho, toda la casa de Enrique es blanca. Todos le preguntan por qué le gusta tanto el blanco. Y él siempre responde lo mismo: *"El blanco es un símbolo de la pureza. Me gusta el blanco porque soy transparente y honesto"*. Enrique dice que odia la mentira y el engaño, pero le gustan las apuestas. Los fines de semana gasta cientos de euros en los casinos de Barcelona. Está seguro de que un día se hará rico con las apuestas.

El día de Enrique comienza a las 7.00am. A esa hora se levanta de la cama. Toma una ducha corta y come su desayuno (frutas y un batido de proteína). A las 7.45am se viste y 10 minutos más tarde va a la oficina de Alaires

Airlines. La oficina está a unos 20 minutos en auto desde su casa. Trabaja desde las 8.30am hasta las 5 o 6pm, sin parar ni siquiera para comer. Y cuando regresa a su casa casi siempre sigue trabajando. Su meta número uno en la vida es aumentar su cuenta bancaria.

Capítulo 15

Desde hace dos días el clima en la oficina es muy tenso. Los empleados de Alaires Airlines no aceptan las órdenes de Enrique. La compañía está funcionando mal, y todos lo saben. Pero nadie se atreve a hablar con Enrique. Finalmente, Aldo es la persona que se encarga del asunto. El martes le envía un mensaje de texto: *"Enrique, necesito hablar contigo. Dime cuándo puedes venir un momento"*. Enrique lee el mensaje en seguida, pero no lo responde. Una hora más tarde Aldo lo llama por teléfono. Le avisa que está yendo a su oficina. Golpea la puerta de la oficina de Enrique. Una voz grave grita desde adentro: *"¡Pasa nomás, Aldo!"*. La oficina está más blanca que nunca. El sol se refleja en el vidrio del escritorio y en los espejos de las paredes. Aldo se para frente al escritorio y dice:

-Oye, Enrique. Ya está bien. Deja de jugar al CEO.

-¿De qué hablas?

-Sabes muy bien de qué hablo,

-De veras. No entiendo de qué hablas.

-No te hagas el tonto. Te estás metiendo en problemas. Deja de hacer lo que estás haciendo. Solo vine a decirte eso.

Capítulo 16

Esa misma tarde, Aldo llamó a una reunión de directorio. Todos los ejecutivos de Alaires Airlines estaban presentes. Enrique fue el último en llegar. Aldo les explicó el objetivo de la reunión: *"Estamos todos aquí para participar en una votación. Vamos a votar quién será el CEO temporal en Alaires Airlines. Cualquiera de ustedes puede ser un candidato para remplazar a mi padre. Les pido que levanten la mano aquellos que deseen postularse como CEO de la compañía"*. Los únicos que levantaron la mano –además de Aldo– fueron Enrique y Fernando, del departamento de ventas.

La votación finalmente se hizo entre Aldo, Enrique y Fernando. Todos los ejecutivos hicieron su voto en voz alta. Aldo ganó por mayoría, con siete votos a su favor. Después de la elección del CEO todos los ejecutivos firmaron un acta. En el acta decía que Aldo asumía la función de CEO temporal de la compañía. Tendrá a su cargo todos los departamentos de la empresa. Él confía en que hará un buen trabajo. Felipe preparó muy bien a su hijo para dirigir la compañía. Sabía que algún día Aldo lo remplazaría en la función de CEO de Alaires Airlines.

Capítulo 17

"No hay nada mejor que llegar a casa después de un día de trabajo duro", piensa Aldo. En casa todos los días lo espera Valeria, su novia. Valeria es diseñadora de moda y tiene su propia marca de ropa. Los dos están en pareja desde hace tres años. Se llevan muy bien y disfrutan mucho de su compañía. Desde que se fueron a vivir juntos –hace unos dos años– la relación está mucho mejor. Comparten más tiempo y se ven todos los días. Al principio creían que se iban a aburrir. Con el tiempo comprobaron que no era así. Ahora están más felices que nunca.

Si no fuera por la muerte de su padre, la felicidad de Aldo sería completa. Los investigadores le dicen que puede haber sido un suicido o un crimen. Necesitan seguir investigando y encontrar más pruebas. Por las noches Aldo no deja de pensar en eso. Está obsesionado. Antes de acostarse habla con Valeria. Le dice: *"Estoy seguro de que mi padre no se suicidó. Voy a encontrar al culpable de su muerte. Créeme que lo haré. No puedo permitir que esa persona se salga con la suya. Por la memoria de mi padre"*.

Capítulo 18

Aldo tiene muy buenos recuerdos de su infancia. Todas las semanas iba con su padre a ver jugar al Barcelona. El estadio Camp Nou siempre estaba repleto de fanáticos. Después de ver el partido de fútbol iban a comer a algún restaurant. A veces iban con amigos de Aldo. Felipe luego los llevaba a cada uno de regreso a su casa. En el camino siempre les contaba historias y anécdotas de su juventud. Los amigos de Aldo se morían de risa con las historias de Felipe. Eran tan extrañas que parecían inventadas.

Cuando iban a ver al Barcelona, Felipe aprovechaba la ocasión para tener charlas de padre e hijo. Desde que Aldo era pequeño Felipe intentó darle a su hijo lecciones importantes. Hablaban sobre la importancia del trabajo y de la familia. Aldo aún recuerda las palabras de su padre: *"Hijo, nunca olvides esto que te digo. Lo más importante es la honestidad. Hablar con la verdad. Debes ganar la confianza de la gente y conservarla. Especialmente de la gente que trabaja contigo y de tu familia. Así evitarás problemas y vivirás siempre en armonía con los demás. Ese es el mejor consejo que te puedo dar"*.

Capítulo 19

Desde que murió Felipe, Lina no puede usar todo el dinero que desea. Las cuentas y tarjetas de crédito de Felipe están congeladas. Antes de poder volver a usar el dinero, Lina debe esperar al menos dos o tres semanas. Lo que más le molesta es no poder ir a almorzar o a cenar a restaurantes. Las extensiones de las tarjetas de crédito tampoco funcionan. Lina está angustiada por no tener dinero para gastar. Por eso, toma una medida desesperada: llama por teléfono a Aldo para pedirle dinero prestado.

-Hola, Aldo. ¿Cómo estás?

-Hola, madre. Bien. ¿Y tú?

-Bien. Sabes... desde hace varios días no puedo usar las extensiones de las tarjetas de crédito. Tampoco puedo retirar dinero de las cuentas de Felipe. Es por la investigación… Y bueno,

quería pedirte si puedes prestarme algo de dinero.

-Sí, no hay problema. ¿Necesitas comprar algo urgente?

-Algunas cosas. También necesito dinero para gastos personales. Cosas de mujeres.

-Está bien. No te preocupes. Hoy te llevo dinero en efectivo. Hablamos luego.

-¡Gracias, hijo!

Capítulo 20

Ese mismo día por la noche Aldo le llevó 2000 euros a su madre. Lina miró el dinero con decepción. Pensó que Aldo le iba a dar más dinero, pero en ese momento no le dijo nada. Sabe que en unas pocas semanas podrá volver a usar el dinero de Felipe. Mientras tanto, necesitaba el dinero para gastos "importantes": cafés, restaurantes, etc. Lina está acostumbrada a un estatus de vida muy alto. Por eso, ahora que no puede hacerlo se siente un poco extraña.

Los gastos cotidianos de Lina incluyen perfumes, joyas y vestidos de marca. Ella le da mucha importancia a las apariencias. Le gusta verse siempre linda, siempre espléndida. Pero los años no vienen solos. Al principio ocultaba sus arrugas con cremas importadas. Luego vinieron las primeras cirugías estéticas. En los últimos dos años se hizo más de de una docena de cirugías estéticas. Cambió la forma de su rostro, de sus labios y hasta sus ojos. Está tan distinta que a veces no la reconocen ni sus propios amigos. Pero a Lina eso no le importa. Lo más importante para ella es verse linda y joven.

Capítulo 21

Enrique trabaja en Alaires Airlines desde hace casi 20 años. Cuando empezó a trabajar en la empresa tenía apenas 18 años. Quería ganar su propio dinero para irse de la casa de sus padres. Tenía mucha ambición y estaba dispuesto a trabajar en cualquier puesto. Por eso, no tuvo problemas en empezar como empleado de limpieza. Su padre le había dicho varias veces: *"¿Quieres ganar mucho dinero en una empresa? Entonces empieza desde abajo. Debes conocer bien la empresa y ganarte la confianza de tus jefes. Ese es el único secreto"*.

El progreso de Enrique en la empresa fue muy rápido. De empleado de limpieza pasó a Encargado de Higiene. Luego obtuvo un empleo en las oficinas, en el área de ventas. Desde allí siguió escalando hasta llegar a su puesto actual: Gerente Comercial. Con el tiempo Enrique supo ganar la confianza de Felipe. Lo asesoraba en asuntos financieros y hasta en cuestiones personales. En los últimos años prácticamente era la mano derecha del CEO de Alaires Airlines. Cada vez que Felipe tenía que tomar una decisión importante lo consultaba a Enrique.

Capítulo 22

Enrique siempre fue el empleado preferido de Felipe. Para él, Enrique era un hijo más. Lo trataba con mucho cariño y siempre lo ponía en un lugar de privilegio. A Aldo esto no le hacía mucha gracia. Nunca tuvo celos de él. Simplemente le parecía que Enrique no era una buena persona. Siempre creyó que fingía una falsa amistad con Felipe para obtener ventajas. Para escalar más alto en la empresa o para conseguir viajes y regalos. Pero Felipe nunca dudó de Enrique. Siempre estuvo seguro de que era su mejor empleado en la compañía.

La confianza de Felipe con Enrique no tenía límites. Todos sabían que Felipe le había dado las llaves de su casa de fin de semana en Valencia. Ese era el refugio de Felipe cuando quería estar tranquilo. Al menos una vez al mes iba a su casa de campo en Valencia. A veces iba con Enrique, pero la mayoría de las veces iba solo. En sus vacaciones Enrique siempre iba a la mansión en Valencia. Allí siempre había varios cocineros y empleados de servicio. Enrique los trataba a todos con desprecio. Siempre encontraba razones para insultarlos.

Capítulo 23

Un sábado de verano Enrique fue a la casa de Valencia sin Felipe. Llegó un poco antes del mediodía. De inmediato les ordenó a los cocineros que preparen su comida. Les pidió un bistec, papas fritas y ensalada. Cuando el chef le dijo que no tenían bistecs Enrique se enfureció. Empezó a gritarle a todos los cocineros:

-¡Sois todos unos inútiles! ¡Buenos para nada! Lo único que debéis hacer es comprar la comida. ¡Ni siquiera eso podéis hacer!

Enrique tomó dos platos de porcelana y los arrojó con fuerza contra el piso. Los empleados miraban los platos rotos sin saber qué hacer. Enrique les dijo en tono amenazante:

-Preparad rápido lo que sea. Quiero comer algo. Si no hay bistec preparad algo de pescado o pasta. Lo que sea. Y no os quedéis mirando como unos imbéciles. ¡Juntad esos platos rotos! Y mucho cuidado con decirle algo de esto a Felipe. Mucho cuidado.

Capítulo 24

En su adolescencia Aldo tenía muchos amigos, aunque no tenía una sola amiga. Lina era muy protectora de su hijo y no quería que tenga novia. Cuando Aldo llevó su primera novia a casa, él tenía ya 19 años. Lina estaba muy celosa de la novia de su hijo, pero no podía hacer nada. Se dio cuenta de que Aldo ya era lo bastante grande como para estar con una chica. De todos modos, Lina nunca aceptó a esa primera novia. Tampoco aceptó a ninguna de las otras chicas que Aldo trajo después.

Al día de hoy, Lina sigue siendo muy celosa con su hijo. Aunque hace años que conoce a Valeria -su nuera actual- no termina de aceptarla. Algunas veces hace comentarios con doble sentido. O busca oportunidades para mostrarle a Aldo los defectos de su novia. Pero Aldo conoce muy bien a su madre. Sabe que le dice todo eso solamente porque está celosa. Lo comprende, pero no lo puede aceptar. Por eso, evita que Lina y su novia estén en el mismo sitio. A veces piensa que esto también pasará: *"Cuando me case y tenga mi primer hijo todo será distinto. Sé que la aceptará"*.

Capítulo 25

Lo que más impacienta a Aldo es la investigación por la muerte de su padre. Hace semanas que no hay novedades. Aldo pensó que tal vez los investigadores necesitan un incentivo. Por eso, la última vez que hablaron les ofreció dinero extra:

-Hola, Miguel. ¿Qué tal?

-Cómo te va, Aldo. Bien aquí. Nada nuevo.

-Me imaginaba. Oye, Miguel, tengo algo para ofrecerles. A ti y a Ana. Quiero ofrecerles un incentivo de dinero por encontrar al culpable de la muerte de mi padre. Si lo encuentran en menos de 3 semanas.

-No es necesario, Aldo. Ya estamos trabajando en eso.

-Sí, sí. Ya lo sé. Pero quiero ofrecerles esto. Si encuentran al culpable en menos de un mes les daré 30,000 euros extra. 15,000 para cada uno.

¿Qué te parece?

-Eh... pues. Este...

-¿Lo aceptas?

-Eh... bien. Sí, me parece bien. Hecho. Haremos lo posible por encontrar al culpable. Lo antes posible.

-Gracias, Miguel. Sabía que podía contar contigo.

Capítulo 26

Aunque Felipe ya no está, Alaires Airlines sigue funcionando como siempre. Desde que Aldo es el CEO temporal de la empresa todo marcha bastante bien. Los empleados están muy contentos con su nuevo jefe. Todos, excepto uno: Enrique. A Enrique no le hace mucha gracia haber perdido su poder en la empresa. Durante las últimas semanas no hizo más que entorpecer el funcionamiento de la compañía. Llega tarde a la oficina y no va a ninguna reunión. A veces ni siquiera responde los llamados o e-mails.

Enrique sigue haciendo su trabajo como siempre, pero lo hace mal. Entrega informes incompletos o fuera de fecha. En los últimos días la empresa perdió varios miles de euros por su culpa. Pero a él no le importa en lo más mínimo. Lo único que está buscando es llamar la atención de los gerentes y directivos. Quiere que alguien le devuelva el poder que le quitó Aldo. Como era la mano derecha de Felipe, cree que es él quien debe ocupar el puesto de CEO. Pero nadie quiere que sea él quien esté a cargo de la compañía. Por eso, al día siguiente, Aldo lo llama por teléfono.

Capítulo 27

-Enrique, ¿puedes venir a mi oficina?
-Estoy bastante ocupado ahora. Puedo ir dentro de una hora.
-Okay, te espero a las 3.30pm.

Enrique toma un café mientras mira videos en YouTube. Llega a la oficina de Aldo a las 3.50pm:

-Aquí me tienes, Aldo. Tú me dirás en qué puedo ayudarte.
-Hola, Enrique. Toma asiento, por favor. Necesito hablarte sobre la compañía. Ya sabes que desde la semana pasada yo soy el nuevo CEO. Eso quiere decir que yo soy la persona que toma las decisiones.
-Pues sí, claro.
-No sé si está tan claro, Enrique. Últimamente estás tomando más responsabilidades que las

que te corresponden. Además, no estás haciendo bien tu trabajo. Necesito que cambies eso. ¿Crees que puedes hacerlo?

-Sí, claro que sí. Cómo no...

Después de decir estas palabras Enrique se levantó de la silla y se fue de la oficina sin saludar.

Capítulo 28

"No sé quién se cree que es para hablarme así", piensa Enrique mientras regresa a su oficina. *"Con Felipe esto no había sucedido nunca. Ahora todos creen que soy el malo de la película. No saben que hago todo esto por el bien de Alaires"*. Durante el resto del día Enrique no logra concentrarse ni un solo minuto. No puede terminar ninguno de los trabajos que tenía pendientes. Las palabras de Aldo siguen dando vueltas en su cabeza. Piensa que Aldo no tiene derecho a hablarle de esa manera. Y jura que no le hará caso.

Al día siguiente Enrique vuelve a hacer lo mismo de siempre: arranca el día dando órdenes como si fuera el CEO. Entrega sus trabajos, pero mal hechos. Los empleados no saben qué decirle. Aldo les dijo que no le hagan caso. Que ignoren esas órdenes. Todos saben perfectamente que el único CEO de la empresa es Aldo. Para evitar esto en el futuro Aldo envía avisos a Enrique por e-mail. También restringe los accesos de la cuenta de Enrique en la red de Alaires Airlines. Le escribe: *"Para recuperar tus permisos en la red de la empresa necesito que vuelvas a hacer tu trabajo como antes"*.

Capítulo 29

Enrique ahora está realmente enfadado con Aldo. Los empleados ya no aceptan sus órdenes. Algunos de ellos hasta se burlan de él en Facebook o en Twitter. Para Enrique eso ya es algo insoportable. No piensa ni siquiera un minuto en cambiar su posición. Tampoco piensa en disculparse. Seguirá haciendo su trabajo como lo venía haciendo: mal. Está tan enfadado que solo puede pensar en una venganza. Quiere vengarse de Aldo, sea como sea. Al menos así podrá recuperar algo de su orgullo personal.

Ese mismo día por la tarde se le ocurrió una idea. Tiene planeado hackear las cuentas de e-mail y Facebook de Aldo. Como él no sabe mucho de computadoras decide pagarle a alguien para que lo haga. Uno de los empleados de Alaires Airlines acepta el trabajo. En menos de 30 minutos obtiene acceso a las cuentas de Aldo. Enrique ingresa a ambas cuentas, envía e-mails y hace publicaciones en Facebook. Manda mensajes con insultos a varios amigos de Aldo. Antes del atardecer, Aldo recibe varios mensajes por Whatsapp. Sus amigos le avisan que alguien ha hackeado su cuenta de Facebook.

Capítulo 30

Aldo intenta entrar a Facebook desde su celular, pero no puede hacerlo. El sistema le dice: "Contraseña incorrecta". Sus amigos tienen razón; alguien acaba de hackear su cuenta. Unos minutos más tarde intenta entrar a su cuenta de e-mail, pero tampoco puede hacerlo. Sin perder un minuto avisa a Gmail y a Facebook. Envía solicitudes para recuperar sus contraseñas. De inmediato le envían un código a su teléfono celular y recupera sus dos contraseñas. De alguna manera, Aldo sabe que Enrique está detrás de todo esto.

Ese mismo día por la noche Aldo envío un e-mail a los empleados de la empresa. Les escribió:

> *"Hoy alguien ha hackeado mis cuentas de e-mail y Facebook. Ignoren cualquier mensaje*

personal recibido hoy por la tarde. Esos mensajes los envió otra persona. Claramente, esta persona tiene algún problema personal conmigo. Por suerte ya he podido recuperar mis contraseñas. Les pido disculpas por lo sucedido".

Capítulo 31

Desde pequeño Aldo va todos los domingos a misa. Cuando era niño siempre iba con Felipe. El mayor deseo de Felipe era que su hijo tuviera la misma fe católica que él. Todos los días por la noche rezaban juntos (Lina a veces iba a la iglesia, pero nunca rezaba). Pedían por la salud y la prosperidad de toda la familia. Cerraban los ojos y rezaban durante unos 10 o 15 minutos.

Un día Felipe le dijo a su hijo: *"Si te portas bien puedes pedirle cualquier cosa a Dios. Él siempre te escuchará. A veces no tendrá una respuesta rápida. Pero si tienes paciencia, siempre tendrás tu respuesta. Para eso debes ser buena persona. No debes mentir ni hacer cosas malas"*. Aldo aún se acuerda de ese día.

Ahora que su padre no está Aldo sigue rezando todos los días. Y todos los días le pide a Dios que se haga justicia. Le pide que los ayude a encontrar al culpable de la muerte de su padre. Después de rezar, mira al cielo y le dice a su padre: *"Te prometo que encontraremos al culpable. Te lo prometo"*.

Capítulo 32

El fin de semana Ana y Miguel pasan varias horas buscando información. *"Son demasiados papeles"*, dice Miguel. *"¿Cómo vamos a encontrar algo? Ni siquiera sabemos qué es lo que estamos buscando"*. Ana intenta animarlo y le pide que tenga paciencia. La casa de Miguel es un desorden total. Hay papeles por todas partes. Cajas enteras llenas de facturas, recibos y otros papeles comerciales de Alaires Airlines. Pero ni una sola pista sobre la muerte de Felipe.

El domingo a las 9.30pm aún siguen buscando. Como tenían hambre pidieron comida por Delivery. Después de comer Miguel le dijo a Ana:

-Creo que es suficiente por hoy

-Solo un rato más . Media hora más.

-Estoy muy cansado...

-Yo también. Pero siento que estamos cerca de algo.

-Okay. Pero solo media hora más.

Diez minutos más tarde Ana encontró la primera pista: una caja con recetas de medicamentos psiquiátricos y varias cajas de pastillas.

Capítulo 33

Ana le preguntó a Miguel:

-¿Qué es esto?
-Son medicamentos psiquiátricos.
-Tal vez Felipe tenía depresión, o algo por el estilo.
-Mmm... es posible. Pero Aldo y Lina nos dijeron que nunca había ido a un psiquiatra. Ni siquiera iba al psicólogo.
-¿Entonces?
-Eso quiere decir que tomaba las pastillas por su cuenta.

Ana y Miguel examinaron las recetas con cuidado. Leyeron el nombre de las pastillas, la fecha y el nombre del psiquiatra. Todas las recetas tenían sello. Enseguida Miguel googleó el nombre del psiquiatra y su número de matrícula. Google no encontró ningún resultado. *"Mmm... esto es extraño"*, dijo Miguel. *"Este sitio tiene los datos de todos los psiquiatras que trabajan en España. Y el nombre de este psiquiatra no aparece. Estas recetas deben ser falsas"*. Ana le dijo: *"Migue, ¡eres un genio!"*. Miguel la miró y sonrió. La siguió mirando durante unos momentos. En ese momento se dio cuenta de que Ana cada vez le gustaba más.

Capítulo 34

Lina está nerviosa y preocupada. El lunes por la mañana llama por teléfono a Ana:

-No puedo dormir de los nervios. Pienso en que el culpable ahora está libre entre nosotros. No puedo aceptarlo.

-Sé que es difícil para ti, Lina. Nosotros estamos trabajando para encontrar al culpable.

-Sí, ya lo sé. Pero, mientras tanto, ¿yo qué hago? ¡Necesito hacer algo!

-Te recomiendo el yoga –dice Ana–. *Es muy bueno para calmar los nervios. De la investigación nos encargamos nosotros. Lina: confía en nosotros.*

-Está bien... Tienes razón. Y... a propósito. ¿Tienen alguna novedad?

-Ahora tenemos algunas pistas más. Pero seguimos investigando. Te haremos saber sobre cualquier novedad.

-Bueno, gracias. Tú ya sabes que cuentan con mi ayuda, ¿verdad?
-Sí, gracias por tu ayuda, Lina. De veras.

Lina no puede controlar sus nervios, pero no le interesa hacer yoga. Prefiere arreglarlo con pastillas.

Capítulo 35

A mitad de semana Miguel llamó por teléfono a un amigo psiquiatra. Es uno de los mejores psiquiatras de Barcelona. Nadie mejor que él para revisar las recetas que encontraron con Ana. Por eso, lo invita a almorzar a un restaurante en el centro de la ciudad. Mientras piden la comida Miguel le muestra las recetas a su amigo:

-*¿Crees que son falsas?*

-*Las recetas parecen auténticas. Pero, según me has dicho, no tienen validez.*

-*¿Por qué no?* –pregunta Miguel.

-*Porque el nombre del psiquiatra y su número de matrícula no existen. Es todo falso. Es decir, es ilegal.*

-*Entiendo. ¿Y qué me dices de los medicamentos?*

-*Son antidepresivos muy fuertes. No es bueno*

tomarlos por cuenta propia.

-¿Pueden causar muerte?

-No. Son fuertes, pero no pueden causar envenenamiento mortal.

Miguel toma notas y le envía un mensaje de texto a Ana. Después de comer el postre se despide de su amigo con un abrazo.

Capítulo 36

Esta mañana Aldo recibió un alerta en su correo electrónico. Un encargado del sector comercial le envió este correo:

Estimado Sr. Aldo Amador,

Le escribo este correo porque hemos detectado movimientos sospechosos en cuentas bancarias de la compañía. En los últimos días se ha girado mucho dinero entre las distintas cuentas y se han hecho cambios de divisas (de euros a dólares). Ninguna de estas operaciones aparece justificada. Quería que sepa que está ocurriendo esto para que pueda tomar las medidas que considere necesarias.

Lo saluda cordialmente,
Emilio Fleitas

Después de leer el e-mail Aldo piensa: *"Está claro que alguien quiere perjudicarme. Esto no es casualidad. El robo de las contraseñas, los giros de dinero en las cuentas"*. Piensa en el asunto durante algunos minutos. Finalmente, decide tomar una decisión de urgencia. Congela las operaciones en todas las cuentas de la compañía.

Capítulo 37

Unos minutos más tarde, Aldo llama a los analistas de finanzas de la compañía. Les pregunta sobre los movimientos sospechosos. Ninguno de ellos es capaz de explicarle el origen de las operaciones. Aldo se pone enérgico y les dice: *"Bien. Si no pueden decirme quién es el responsable es porque alguno de ustedes es cómplice. Quiero una respuesta en menos de 24 horas. Se supone que ustedes saben todo sobre las finanzas de nuestra compañía"*.

Cuando Aldo se va los analistas se ponen a trabajar de inmediato. Examinan todos los registros de las últimas operaciones. Luego, siguen el camino de las operaciones sospechosas. Conectan los números de cuenta con distintas IP. Pero las direcciones IP están codificadas. Piden ayuda a los empleados del equipo de Sistemas e Internet. En menos de dos horas logran decodificar todas las direcciones. Y antes de las 5pm logran dar con el nombre de una persona: Enrique Jordi. Es el Enrique que todos conocen, el Gerente Comercial de la compañía. De inmediato, los analistas de finanzas le envían un e-mail a Aldo con las novedades.

Capítulo 38

-Enrique, ¿puedes hablar?

-Sí. ¿Cómo estás?

-Bien... necesito verte.

-¿Cuándo quieres que nos veamos?

-Lo antes posible. Hoy mismo, si puedes.

-Sí. ¿Te parece bien a las 6pm, en el bar de siempre?

-¡Perfecto!

-Nos vemos allí. Un beso.

La cita es en menos de una hora. Falta poco, pero tiene tiempo para afeitarse y arreglarse el cabello. Antes de salir se pone un poco de perfume detrás de las orejas. Enrique tiene una frase: *"Siempre debes estar al 100% en tus citas. No importa si es la primera o la número veinte"*.

La verdad es que Enrique tiene mucho éxito con las mujeres. En la calle las mujeres se dan vuelta para mirar su cuerpo musculoso. Mujeres jóvenes y mujeres maduras. Todas lo miran por igual. A Enrique esto le cuesta horas y horas de sacrificio en el gimnasio. Pero la recompensa lo vale. Cuando entrena en el gym Enrique piensa: *"Un poco de esfuerzo ahora, para tener a todas las mujeres que quiera"*.

Capítulo 39

A las 5.50pm Enrique ya está sentado en el bar *"Las Rosas"*. Lina llega poco después de las 6pm. Desde hace cuatro meses Lina y Enrique son amantes. Se ven a escondidas y tienen citas como si fueran novios. Ambos saben que es algo muy arriesgado, pero a ninguno de los dos les importa.

Enrique pide un café doble y Lina un cappuccino. Mientras hablan se toman de las manos:

> *-Te extraño, Enrique. Quiero que estemos más tiempo juntos.*
> *-Yo también quiero estar contigo, cariño. Pero ya sabés... pueden descubrirnos.*
> *-No me importa. ¡Quiero que todos lo sepan! ¡Que todos sepan que te amo!* –grita Lina.
> *-Bueno, bueno. No hace falta que grites. Ahora*

ya lo saben todos en el bar. ¿Contenta?

-No te entiendo, Enrique. A veces siento que no me quieres.

-Nada de eso, amor. Esto lo hago porque te quiero. Es para protegerte.

Al salir del bar ambos suben al auto de Enrique.

Capítulo 40

Hoy es uno de los días en que Aldo se queda hasta tarde en la oficina. Son las 8.35pm y Aldo sigue trabajando. Hay tantas cosas por hacer en Alaires Airlines. Los problemas que ocasiona Enrique no se solucionan tan rápido. Pero, por el momento no puede despedirlo. Deben seguir trabajando juntos y evitar cualquier conflicto.

Poco después de las 9pm, Aldo pide una cena rápida y come en su oficina. Luego sigue trabajando un par de horas más. Cuando sale de la oficina, cierra la puerta y mira la hora: son las 11.20pm. Está completamente agotado. Por suerte, el viaje de regreso a esta hora es mucho más corto. Aldo conduce rápido, pero con precaución. En un semáforo rojo se detiene y mira el cartel de un hotel. Piensa: *"Eso es lo que necesito. Una habitación, una cama.*

Dormir durante dos días seguidos". Pero este es un hotel para parejas. La gente no viene aquí a dormir. Aldo lo sabe muy bien. Mira la gente que sale del hotel, esperando encontrar una cara conocida. Cuando cambia el semáforo a verde ve una cara conocida: es Enrique. Está saliendo del hotel junto a Lina, su madre.

Capítulo 41

Aldo no puede creer lo que acaba de ver. *"Esa mujer no puede ser mi madre. Tiene que ser alguien muy parecida a ella. No puede ser. Es una locura"*, piensa mientras los mira. Pero no hay dudas de que es ella. De alguna manera, esto era algo que intuía desde hace mucho tiempo. Esta es la prueba que lo confirma todo. Su madre y Enrique son amantes. Quizás ya eran amantes cuando Felipe aún estaba vivo.

A la mañana siguiente Aldo llama por teléfono a su madre:

-Hola, mamá. ¿Cómo estás?
-Hola, hijo. Pues, muy muy bien. ¿Y tú?
-Bien, también. Oye, quiero hacerte una pregunta. Ayer lo vi a Enrique de pasada por la calle. Iba acompañado por una mujer muy parecida a ti. ¿Eras tú o...?

-(silencio)

-Hola, ¿estás ahí, mamá?

-Sí, aquí estoy. Yo no estuve con Enrique. Debe haber sido una mujer parecida a mí. Con Enrique apenas nos conocemos.

-Ah, está bien. Sí, ya me imaginaba. Bueno, debo seguir trabajando. Un beso.

Capítulo 42

Ese mismo día Aldo llama a Miguel:

-¿Qué tal, Aldo?
-Aquí ando... bastante cansado. ¿Y tú?
-Bien. Trabajando en la investigación –responde Miguel–. *A propósito, tenías algo para contarme, ¿verdad?*
-Sí...
-Te escucho.
-Este... No sé cómo decírtelo –confiesa Aldo–. *Me da un poco de vergüenza.*
-Dímelo nomás.
-Ayer vi a mi madre y a Enrique, saliendo juntos de un hotel. Creo que son amantes.
-¿Estás seguro de que eran ellos?
-Hoy hablé con mi madre y se lo pregunté. Ella lo negó, pero me di cuenta de que estaba mintiendo.

-Bien, es importante saber esto. Gracias, Aldo, por avisarme tan rápido.

Aldo está confundido. De pronto, ahora sospecha de su propia madre. ¿Es posible que ella y Enrique tengan algo que ver con el crimen? Piensa en todas las veces en que los había visto juntos. Se pregunta desde cuándo serían amantes. Tal vez desde hace meses, o quizás desde hace años.

Capítulo 43

Miguel termina su trabajo a las 7pm. Llama por teléfono a Ana y ella lo invita a cenar a su casa para conversar sobre el caso.

Después de comer una tortilla de papas, Ana sirve el postre: brownie con helado. Mientras comen, hablan sobre las últimas novedades del crimen en Barcelona:

-¿Qué piensas de esto de Lina y Enrique? ¿Crees que son amantes?
-Pienso que sí, pero tal vez me equivoco – responde Ana.
-Definitivamente, esto los complica a ambos.

Miguel se queda en silencio, mirando hacia un costado. Ana le pregunta:

-Hey, ¿en qué piensas?

-En nada… –responde Miguel.

-Vamos, cómo que en nada. ¡Anda, dime!

-Pensaba en lo hermosa que eres.

Ana se queda en silencio y sonríe. Miguel se acerca lentamente a Ana. Ninguno de los dos dice una sola palabra. Miguel toma su mano mientras la mira a los ojos. Se acerca un poco más y la besa en la boca.

Capítulo 44

En Alaires Airlines todos conocen la historia de Enrique. Saben que empezó a trabajar en la compañía como empleado de limpieza. Y que a partir de ahí fue escalando hasta llegar a su posición actual. También saben que hace dos años Enrique fue procesado por venta ilegal de medicamentos. Vendía medicamentos oncológicos y psiquiátricos. Drogas muy costosas que no se conseguían fácilmente en el país. Para él era un gran negocio: ganaba miles de euros por semana. Pero eso no duró mucho.

En menos de una semana dos clientes lo denunciaron por venta ilegal de medicamentos. La policía fue a su departamento y encontró decenas de cajas de medicamentos. Todas las pruebas estaban en su contra. Lo llevaron detenido a una prisión en Barcelona. Su futuro parecía estar entre rejas, en una cárcel. Estuvo detenido casi 48 horas. Pero tuvo mucha suerte. Gracias a la ayuda de Felipe y sus contactos logró salir en poco tiempo. Unos meses más tarde hubo un juicio, pero Felipe nuevamente usó todos sus contactos. Enrique fue declarado inocente y todo quedó en el olvido.

Capítulo 45

Durante los últimos años Felipe consumía pastillas de todo tipo: calmantes, antidepresivos, sedantes… Al principio empezó con calmantes suaves para el dolor de cabeza. Los tomaba todos los días (incluso los días en que se sentía bien). Con el tiempo se convirtió en una adicción. Llegó a tomar hasta 30 calmantes por día. Cuando notó que los calmantes ya no tenían efecto los cambió por otros más fuertes. Luego siguieron los sedantes y antidepresivos.

En toda su vida Felipe jamás fue a un psiquiatra o a un psicólogo. Le daba mucha vergüenza hablar de su vida privada con otras personas. La única excepción era Enrique. Con él sí hablaba de sus problemas personales. Pero a Enrique le aburría escuchar a su jefe. Por eso, cuando Felipe estaba muy ansioso o estresado Enrique le daba calmantes. En poco tiempo, Felipe se había vuelto adicto. Después de los calmantes empezó a pedirle sedantes y antidepresivos. Enrique conseguía todo tipo de medicamentos. Felipe sabía muy bien que eran medicamentos ilegales. Pero no le importaba. Lo único que quería eran sus pastillas.

Capítulo 46

De un día para otro, Enrique es uno de los principales sospechosos por la muerte de Felipe. Ana y Miguel aún no tienen pruebas en su contra, pero tienen indicios. Uno de ellos es su relación con Lina. Si son amantes, es muy posible que ella o Enrique tengan que ver con el crimen. Miguel piensa que el crimen puede haber sido por celos o por dinero. El otro indicio es que Enrique era la persona que le conseguía medicamentos a Felipe. Podía darle cualquier pastilla, y Felipe la tomaba con total confianza. Los investigadores saben muy bien que estos dos elementos pueden complicar seriamente a Enrique.

Ahora lo único que necesitan es conseguir pruebas para confirmar sus hipótesis. Deben actuar con mucho cuidado, sin llamar la atención de Enrique o de Lina. Por eso, aún no informaron a la policía sobre sus sospechas. Creen que lo mejor es seguir investigando a la pareja por su cuenta. Necesitan seguir todos sus movimientos hasta obtener una prueba definitiva. Miguel sigue a Enrique y Ana sigue a Lina. Los siguen desde la mañana temprano hasta las últimas horas de la noche, sin descansar un solo minuto.

Capítulo 47

Los últimos días Lina notó algunas cosas extrañas. Aldo ya no la llama por teléfono, ni tampoco va a visitarla. Ana y Miguel tampoco se comunican con ella. Todo esto la pone un poco nerviosa. Por alguna razón piensa que ahora todos sospechan de ella. *"Claro, por eso ya no me llaman. Ahora piensan que yo tengo algo que ver con el crimen"*, piensa. Está tan ansiosa que llama a Enrique a mitad de la madrugada:

-Enrique, tengo un mal presentimiento.

-¿Un mal presentimiento? ¿De qué hablas, Lina?

-¿No sabes qué es un "mal presentimiento"? *Una sensación extraña. Siento que va a ocurrir algo malo.*

-Sigo sin entender…

-Creo que Ana y Miguel sospechan de mí. Hace días que no me llaman por teléfono.

-Uff... no es para preocuparse.

-Bueno, y también está Aldo. Ya te dije que sospecha que somos amantes.

-Eso me tiene sin cuidado.

-Pues a mí sí me preocupa. Tenemos que tener precaución.

-Sí, sí... lo que tú digas.

Capítulo 48

El clima en Alaires Airlines es muy tenso. Enrique siempre está de mal humor y trata mal a los empleados. Ahora está convencido de que Ana y Miguel lo están investigando. Se dio cuenta la última vez que habló por teléfono con Miguel. Pudo escucharlo en su tono de voz. Y ahora tiene miedo.

Esta mañana Enrique se despertó sobresaltado. Desde hace varios días tiene la misma pesadilla. En el sueño él se encuentra en la antigua oficina de Felipe. La oficina está totalmente vacía. Las paredes son de vidrio. Detrás del vidrio hay decenas de personas mirando. Están Aldo y Lina. También hay algunas personas vestidas de traje y varios policías. Cuando baja la vista ve que está sentado en un gran sillón. Pero no es el sillón presidencial de Felipe. Es una silla eléctrica.

Sus brazos están sujetados por correas. No puede moverse ni un solo centímetro. Mira nuevamente a la gente detrás del vidrio. Ahora están gritando. Parecen insultarlo. Varios de ellos gritan: *"¡Que lo maten! ¡Que lo maten ahora mismo! No merece seguir viviendo"*. Cuando están por hacer la descarga eléctrica, se despierta.

Capítulo 49

Las pruebas en contra de Enrique son cada vez más sólidas. La hipótesis principal es que necesitaban matar a Felipe para obtener su dinero. Los investigadores saben que Enrique y Lina quieren al dinero más que a nada en el mundo. Lina vive rodeada de lujos, y siempre quiere un poco más. Para Enrique el dinero es sinónimo de poder. Pero no deben apresurarse. Ana le recuerda a Miguel que puede haber otras hipótesis:

-*¿Otras hipótesis? ¿A qué te refieres?*

-*Tal vez fue un crimen por amor* –dice Ana.

-*¿Tú crees?*

-*Es otra hipótesis. No deberíamos descartarla.*

-*Tienes razón.*

Miguel mira a Ana con cara de enamorado. No puede creer que en solo unas semanas su vida haya cambiado tanto. De repente, está a punto de resolver un caso muy importante. Si todo sale bien recibirá un pago enorme por su trabajo. Y, como si eso fuera poco, acaba de encontrar el amor. No lo estaba buscando, pero llegó a su vida. Ahora siente que Ana es la mujer que siempre había estado esperando.

Capítulo 50

Después de una larga noche de trabajo Ana se recuesta sobre un diván. Está totalmente agotada.

-Migue, estoy muy cansada. Necesito tomarme unos días de vacaciones. No puedo seguir así.
-Okay, hagamos un descanso por el fin de semana. ¿Qué te parece?
-¡Perfecto! Dos días es todo lo que necesito para recuperarme.

Unos minutos más tarde empiezan a empacar algunas cosas para el viaje de fin de semana. Miguel sugirió ir a Valencia, en su propio auto. *"Allí hay muy lindas casas de fin de semana. Las más pequeñas no son tan caras"*, le dijo a Ana.

El plan es salir temprano al día siguiente. Si van por la autopista pueden llegar antes de las 10am. Así podrán disfrutar de casi todo el sábado y el domingo. Miguel agregó: *"La mayoría de las cabañas están rodeadas de naturaleza. Son ideales para descansar de la ciudad. Eso es exactamente lo que necesitas ahora"*. Ana sonrió entusiasmada y dijo: *"Excelente. ¡Hagamos eso!"*.

Capítulo 51

A las 6.10am ya habían cargado todo en el auto. Solo llevan dos maletas con ropa y algo de comida para el viaje. Una vez que lleguen a Valencia pueden comprar cualquier otra cosa que necesiten. Aún no saben exactamente a dónde irán, pero, como dice Miguel, *"eso es lo de menos"*. Mientras Miguel conduce Ana busca en Google. Ingresa *"cabañas fin de semana valencia"*. El buscador muestra miles de resultados. Los precios varían entre 100 y 150 euros por pareja para los dos días.

Poco antes de entrar en Valencia Ana llama por teléfono a dos sitios de cabañas. El segundo lugar tiene dos habitaciones dobles disponibles. Este fin de semana justo tienen una promoción especial para parejas. Sin perder más tiempo reservan la habitación.

La cabaña es pequeña, pero muy cómoda. El lugar está rodeado de naturaleza por todas partes. Hay un lago, muchos árboles y plantas de todo tipo. El sábado aprovechan para caminar por todo el lugar. Al atardecer duermen una siesta corta y luego cenan en el restaurante del lugar. Piden comidas típicas de Valencia (la especialidad de la casa).

Capítulo 52

El domingo Ana y Miguel se despiertan renovados. Se levantan muy temprano y comen un desayuno de campo. Después de desayunar conversan unos minutos sobre el caso de Felipe. *"Debemos regresar temprano para no perderlos de vista"*, le dice Ana a Miguel. *"Si dejamos pasar algunos días más podemos perderles el rastro. Ellos ya sospechan que los estamos siguiendo"*, agregó Ana. Miguel la escucha con atención y piensa: *"¿Dónde estarán ahora?"*.

En este momento Lina y Enrique también están en Valencia. Ambos están disfrutando de la casa de fin de semana de Felipe. Es el único lugar en el que se sienten seguros. Como hace mucho calor pasan todo el domingo en la piscina de la mansión. Por la tarde beben algunos daiquiris y miran una película. Finalmente, a las 7.30pm se preparan para regresar a Barcelona. Toman la carretera principal y suben a la autopista.

A las 8pm Ana y Miguel también están a punto de regresar a Barcelona. Justo antes de salir, Miguel recibe un llamado en su celular. Es Aldo.

Capítulo 53

-Hola, Miguel. ¿Cómo estás?

-Qué tal, Aldo. Muy bien, ¿y tú?

-Bien, gracias. Perdona que te moleste un domingo. Seguramente estabas descansando en tu casa.

-En realidad estoy en Valencia. Estoy por regresar a Barcelona.

-Ah, qué bien. ¿Has estado investigando en la casa de fin de semana?

-¿La casa de fin de semana?

-Sí, la casa de mi padre. La casa que tiene en Valencia.

-Sí, claro. No... en realidad vine unos días aquí para descansar. Ahora que lo mencionas, está muy cerca. Podría pasar.

-Bueno, si tienes tiempo sería fantástico.

Con Ana finalmente deciden ir a la casa de Felipe en Valencia. Miguel tocó el timbre y una voz de hombre preguntó desde el portero eléctrico: *"¿Quién es? ¿Qué se le ofrece?"*. Miguel le explicó que estaban investigando la muerte de Felipe. Unos minutos más tarde un hombre alto abrió la puerta. *"Adelante, por favor"*, les dijo en un tono serio. Jorge, el mayordomo, los acompañó al comedor principal y los invitó a sentarse.

Capítulo 54

Ana y Miguel hablaron brevemente con los empleados de cocina y limpieza de la casa. Les hicieron preguntas sobre Felipe y sobre su familia. Todos recordaban a Felipe con alegría. Decían que era un excelente jefe. Todo lo contrario que Enrique. Jorge, el mayordomo, estaba muy enojado con él:

-Enrique no nos respeta, nos trata mal. Y cree que es el nuevo dueño de la casa.

-¿Estuvo viniendo últimamente? –le preguntó Miguel.

-Sí, vino ayer y se fue hace unas horas.

-¿Vino solo?

-(silencio)

-¿Vino solo o vino con alguna persona?

-Vino con la señora Lina. Por favor, prométame que no le dirá nada al señor. Si sabe que yo le dije esto me despedirá.

-Quédese tranquilo, Jorge. No diré nada.

Después de hablar con los empleados, Ana y Miguel recorrieron toda la casa. Examinaron todas las habitaciones durante unos minutos. Al llegar a la habitación principal la revisaron en profundidad. En el fondo de un cajón encontraron una Tablet. La prendieron y arrancó automáticamente, sin siquiera pedirles contraseña.

Capítulo 55

-Espera, Miguel. ¿Está bien que revisemos esta Tablet? No sabemos de quién es.
-Claro que está bien. Somos investigadores, ¿no? Además, ni siquiera se molestaron en ponerle una contraseña.
-Okay… como tú digas –dice Ana.

Lo primero que hicieron fue abrir Gmail. Se dieron cuenta de que era la cuenta personal de Enrique. En la bandeja de entrada había unos 20 e-mails sin leer. Miguel revisó rápidamente los archivos de la casilla de mail en busca de pistas. Abrió todos los mails enviados y recibidos 5 días antes y después de la muerte de Felipe. El día anterior al crimen le había enviado a Lina el siguiente mail:

"Mañana es el día en el que estaremos juntos, sin nadie en el medio. Solo tú y yo. Eso que

tanto me habías pedido ahora se hará realidad. Tengo todo preparado. Tomará las pastillas pensando que son sedantes. Mañana será su último día".

Miguel miró a Ana. Los dos sonrieron. Esta era la prueba definitiva. Es la prueba que habían estado buscando desde hace semanas.

Capítulo 56

Sin perder un segundo, Miguel guardó la Tablet en su bolso. Saludaron a todos los empleados de la casa y les dieron las gracias. Al subir al auto Ana le dijo a Miguel:

-No puedo creer que haya sido tan fácil.
-¿De veras crees que ha sido fácil? Nos ha tomado varias semanas encontrar esto.
-Sí, sí. Lo que digo es… la prueba estaba al alcance de la mano. Y la Tablet no tenía ni una sola contraseña.
-Sí, fue muy tonto de parte de Enrique.

En el auto, de regreso a Barcelona, Ana llamó por teléfono a la policía. De inmediato, la policía envió una orden de arresto para Lina y Enrique.

Cuatro oficiales de policía fueron a la casa de Enrique. Subieron hasta el décimo piso y tocaron el timbre de su departamento. Luego golpearon la puerta, gritando: *"¡Abran la puerta! ¡Policía!"*. Enrique se puso el primer pantalón que encontró y Lina se puso un vestido. Intentaron escaparse por el balcón, pero no lo lograron. La policía derribó la puerta y los arrestó antes de que dejaran el departamento.

Capítulo 57

Una semana después del arresto se llevó a cabo el juicio por el crimen de Felipe. El día del juicio Ana y Miguel llevaron todas las pruebas que tenían a favor. Tenían copias impresas de los mails que Enrique le había enviado a Lina. También llevaron las copias de recetas médicas falsificadas por Enrique. Enrique y Lina, por su parte, llevaron un equipo de dos abogados defensores.

En el juicio estuvieron presentes Aldo y varios ejecutivos de Alaires Airlines. Las pruebas del caso eran muy sólidas. El juez solo se tomó unos pocos minutos para decidir la resolución del caso. Antes de dar a conocer la sentencia intercambió algunas palabras con los abogados. Toda la sala esperaba ansiosa el veredicto. Aldo miraba a su madre y a Enrique, con una mezcla de odio y de lástima.

Su madre en ningún momento pudo levantar la mirada. Durante todo el juicio mantuvo la vista fija en el suelo.

Finalmente, en las últimas horas de la tarde se conoció la sentencia del juicio. Lina y Enrique fueron declarados culpables de la muerte de Felipe Amador. La pena fue de 35 años de prisión para cada uno de ellos.

Capítulo 58

Camino a la cárcel Lina no puede dejar de llorar. Piensa en Aldo, en su familia, en sus vecinos. No puede creer cómo llegó tan lejos con todo esto. Al principio creía que solo era una aventura amorosa. Sabía que Enrique estaba interesado en el dinero, pero no le importaba. Quería estar cerca de un hombre joven y apuesto. También quería volver a sentir la emoción de estar enamorada. Hacía ya varios años que no estaba más enamorada de Felipe. Todo era rutina, aburrimiento.

Enrique, por su parte, aún no se explica qué es lo que falló. Creía que su plan era perfecto y que no había dejado una sola pista. Pero lo cierto es que no era tan astuto como creía. Desde los primeros días Miguel ya sospechaba de Enrique. Su actitud era muy extraña. Era la única persona en Alaires Airlines que no estaba triste con la muerte de Felipe. De hecho, los empleados decían que hasta lo veían más contento. Cuando Aldo le dijo que Enrique y Lina eran amantes, confirmó sus sospechas. En ese mismo instante supo que Enrique era el culpable de la muerte de Felipe.

Capítulo 59

Después del juicio por el crimen en Barcelona, Alaires Airlines llama a una reunión de directorio. El objetivo de la reunión es elegir al CEO definitivo de la empresa para los próximos años. Es la primera reunión de directorio sin Enrique. A todos les resulta extraño no verlo más en la empresa. Pero deberán acostumbrarse. Enrique pasará los próximos 35 años en la cárcel.

La reunión de directorio duró apenas 20 minutos. Aldo fue el encargado de liderar la reunión. Hizo una breve introducción y luego realizaron la votación. Nuevamente, todos los ejecutivos eligieron a Aldo como el CEO de Alaires Airlines. Esta vez, como CEO definitivo de la compañía. Aldo dio un breve discurso de agradecimiento. Luego, todos los presentes fueron hablando frente al resto del equipo ejecutivo de la compañía. Todos felicitaron a Aldo por su cargo. Finalmente, Aldo cerró la reunión con estas palabras: *"Gracias a todos por confiar en mí. Y gracias a mi padre, que me guía desde el cielo. Les aseguro que seguiré haciendo lo mejor posible para que Alaires Airlines se mantenga en lo más alto"*.

Capítulo 60

Ya pasaron cinco años desde el juicio por el crimen en Barcelona. Hace un año Lina consiguió que la dejaran en libertad. Después de mucho trabajo, sus abogados lograron demostrar que Lina solo fue cómplice del crimen. Se comprobó que ella no tuvo nada que ver con la muerte de Felipe. Enrique, en cambio, no tuvo tanta suerte. Él aún sigue en prisión y seguirá allí por otros 30 años. Ahora dedica todo su tiempo a levantar pesas en el gimnasio de la cárcel.

Alaires Airlines está en su mejor momento. La administración de Aldo es excelente. En pocos meses logró reducir gastos en varios millones de euros al año. La aerolínea ahora tiene vuelos a Asia y a Latinoamérica. La vida personal de Aldo también es un éxito. Hace un año se casó con su novia de toda la vida y ahora esperan su primer hijo.

Ana y Miguel siguen en pareja, tan enamorados como el primer día. Con sus ahorros compraron una casa más grande en Valencia. Después de tres años en pareja decidieron adoptar un hijo y formar una familia.

Other Books by the Author

Beginners (A1)

- Muerte en Buenos Aires
- Ana, estudiante
- Los novios
- Tango milonga
- Fútbol en Madrid

Pre Intermediates (A2)

- Laura no está
- Porteño Stand-up
- Un Yankee en Buenos Aires
- Pasaje de ida
- El Hacker

Intermediates (B1)

- Comedia de locos
- Amor online

- Viaje al futuro
- La última cena

Upper-Intermediates (B2)

- Perro que habla no muerde
- La maratón
- Marte: 2052
- El robo del siglo
- Llamada perdida

Advanced Learners (C1)

- El día del juicio
- La fuga
- Paranormal

High Advanced Learners (C2)

- La última apuesta
- Tsunami
- Elektra

Spanish Novels Series
http://spanishnovels.net

CPSIA information can be obtained
at www.ICGtesting.com
Printed in the USA
LVHW031651160821
695404LV00011B/1087

9 781519 084873